教你掌控自己的一天 24 小时

HOW TO LIVE ON 24 HOURS A DAY

JIAONI ZHNAGKONG
ZIJI DE YITIAN 24 XIAOSHI

教你掌控自己的一天24小时

[英]阿诺德·贝内特 著
黄敏 译

光明日报出版社

图书在版编目（CIP）数据

教你掌控自己的一天 24 小时 /［英］阿诺德·贝内特著；黄敏译 -- 北京：光明日报出版社，2012.1（2025.1 重印）

ISBN 978-7-5112-1915-2

Ⅰ.①教… Ⅱ.①阿…②黄… Ⅲ.①生活方式—通俗读物 Ⅳ.①C913.3-49

中国国家版本馆 CIP 数据核字 (2011) 第 225297 号

教你掌控自己的一天 24 小时

JIAONI ZHANGKONG ZIJI DE YITIAN 24 XIAOSHI

著　　者：	［英］阿诺德·贝内特	译　　者：	黄　敏
责任编辑：	李　娟	责任校对：	映　熙
封面设计：	玥婷设计	封面印制：	曹　净

出版发行：光明日报出版社
地　　址：北京市西城区永安路 106 号，100050
电　　话：010-63169890（咨询），010-63131930（邮购）
传　　真：010-63131930
网　　址：http://book.gmw.cn
E - mail：gmrbcbs@gmw.cn
法律顾问：北京市兰台律师事务所龚柳方律师
印　　刷：三河市嵩川印刷有限公司
装　　订：三河市嵩川印刷有限公司
本书如有破损、缺页、装订错误，请与本社联系调换，电话：010-63131930

开　　本：170mm×240mm
字　　数：150 千字　　　　　　　　印　张：6.5
版　　次：2012 年 1 月第 1 版　　　印　次：2025 年 1 月第 3 次印刷
书　　号：ISBN 978-7-5112-1915-2
定　　价：29.00 元

版权所有　翻印必究

目录

CONTENTS

序言 1
第一章　每日皆奇迹 1
第二章　超越常规的渴望 9
第三章　起步前的箴言 17
第四章　烦恼的由来 25
第五章　网球与不朽的灵魂 33
第六章　牢记人的天性 41
第七章　主宰你的思维 47
第八章　省思的精神 55
第九章　对艺术的兴趣 63
第十章　生活中无事乏味 71
第十一章　读并思考着 77
第十二章　要避免的风险 83

序言

PREFACE

按照惯例，本篇序言放在正文之前，但从阅读顺序来讲，却应当在通读全文之后再来回顾序言。

小作一出，我便收到了大量的读者来信，而且各类报纸杂志上也刊登了不少相关评论，有些篇幅甚至和本书不相上下。但纷纭评价中却鲜有微词。有人对本书轻浮的语气并不赞同，但在我看来，这本书的语气毫无轻浮之处，所以我并未将这样的异议放在心上。除此之外，我并没有得到更有分量的批评，也便要因此相信拙作是完美无瑕的了。然而，更为严肃的责难并非来自媒体，而是来自各种各样真诚质朴的读者和他们的信件，这是我必须要认真面对的。我已预见读者中会有人不赞成不认可，也为此感到担心。本书中这样一句话引起了人们的争议：

大多数情况下，他（典型的人）对他的事业并未满怀激情，充其量他也只能做到不讨厌工作罢了。

序言

他会磨磨蹭蹭地开始工作，而且使出浑身解数拖延；他会尽最大的努力尽早完成任务，工作结束后满怀欢悦，兴高采烈。而真正工作的时候他很少能开足马力，付出百分之百的努力。

从来信作者的语气中，我能读得出他们毋庸置疑的真诚，我也坚信，有很多实干家都很热爱他们的工作，他们从不逃避责任，从不迟到早退。总而言之，他们将所有的精力都投入到每天的工作当中，并在下班的时候感到筋疲力尽。这些人中间有那些身居要职或有远大前程的人，也有那些并无发迹希望却仍勤勤恳恳的下属。

我很愿意相信这个事实，我也一直都相信这个事实。我一直都知道生活中有这样的实干家存在。无论是在伦敦还是在其他的省市，我都曾有幸长年在下属位置上工作。同所有人一样，我也看到了这样的事实：与我同处境的一部分人，对自己的职责怀有真心与热情。他们在工作的同时，也将自己的潜能发挥到极致。但我仍然深信，这样幸运且快乐的人们（他们比他们所想的还要快乐）并不能构成所谓的大多数。我仍然深信，大多数工作体面、有责任心的商界人士（有理想有志向的人），他们晚上下班后并不经常筋疲力尽地回到家中。我也仍然深信，他们并不会尽最大努力投入到谋生上来，相反，而是尽可能少投入精力；事业带给他们的只有无聊，而没有任何乐趣可言。

然而，我承认，将工作视为乐趣的小部分人也很重要，值得重视，我也不应该在文中完全忽视了他们的存在。一位读者在来信中一语道尽了那些努力工作的少数人的全部艰辛。他这样写道："我和所有人一样，希望能够'超越自己的工作计划'，做出点事情来，但请允许我告诉您，当我下午6点半回到家中的时候，我的精力完全不像您想象的那样充沛。"

我必须指出的一点是，那些半心半意有气无力地混满工作日的大多数人，绝对要比那些满怀热情兴致勃勃地投入到工作当中的少数人更为悲惨。前者比后者更亟须"如何生活"的建议。不管怎样，

序言

在后者工作的那 8 个小时内，他们是充满活力的；他们开足了马力，精神抖擞。另外 8 个运行时间也许安排得很糟糕，甚至全部白白浪费掉了；但一天浪费 8 个小时总比一天浪费 16 个小时要好得多；多经历一点，总比一点都没有经历要好得多。

真正可悲的是那些既不愿意将自己束缚在工作中，又不愿意在工作之外付出努力的人，而本书恰恰是为这些人而作的。"但是，"有所经历的幸运儿说，"尽管我的日常计划比他的要丰富得多，我仍然想超越计划。我已经经历了一点，我还想要更丰富的生活。但是，我真的无法在工作结束后再完成另外一天的工作量。"

事实上，作为作者，我应当预见到，本书对那些本身就对生存有兴趣的人有更强烈的感染力。只有那些品尝过人生的人才会对人生有更多的渴望；而唤醒那些从来没有起过床的人的任务则最为困难。

如果你是努力工作的少数人的一员，我们假定日常挣钱维持生计的工作强度使你不可能采纳后文中所有的建议，但你仍然有可能采取其中的若干建议。我承认你可能无法利用晚上回家路途上的时间；但我给出的早晨上班路上的建议对你和对其他人都同样适用。而且从周六到周一，这期间空闲的40个小时，对你和对其他人都是一样多的时间。虽然一周累积下来的一点疲惫可能让你无法将全部精力都投入进去，但是一周总还是有3个晚上或者更多的时间可以加以利用。你可以坦率地告诉我说你太累了，不可能晚上在工作计划之外做任何事。我也可以坦率地告诉你，如果你觉得日常的工作真的耗尽了你全部的精力，那么你的生活已处于失衡状态，亟须调整。一个人的精力绝不应该被日常工作所垄断。那么，到底应该怎么做来改善现状呢？

最重要的一点是在日常工作之中巧妙地使你的工作热情有所保留。你可以在开始一天的工作计划之前而不是之后开动马达。简单地说，就是早上早点起床。你会说你起不来，因为你不可能早点入睡，不然就会搅乱了整个家庭的生活安排。我并不认为晚上早点入睡是不可能的事。相反，我认为，如果你坚持早点起床，并由此产生睡眠不足，你一定会

序言

很快想办法早点上床睡觉。然而，在我的印象中，早点起床并不会带来睡眠不足，相反，在一定程度上，睡眠不过是一种习惯或是懒惰的借口，而这种感触随着年龄的增长而益发强烈。我认识到，大多数人之所以睡那么长时间，是因为他们没有别的方法来打发时间。你觉得那些天天开着车吵醒街坊邻居的健壮的卡车司机一天又睡了多长时间呢？我曾经就这个问题请教过一位医生，他在伦敦一个繁华的郊区有24年丰富的行医经验，他就住在像你我这样的人中间。他身形短小，回答也更加干脆：

"很多人都睡觉睡呆了。"

他继而解释说，按他的观点看来，如果人们能够少睡一点，绝大多数人会活得更健康，并会从生活中得到更多的乐趣。其他医生们也肯定了这种判断，但这当然对正在生长发育的孩子们不适用。

早起1个小时、1.5个小时，或者2个小时；如果你觉得累，不得不早休息的话，就早点上床睡觉。至于超越常规计划，早上1个小时完成的事抵得上晚上2个小时的工夫。可是，你会说："但是我不能没有仆人做饭，不吃早点就开始吧。"当然可以，先生，这个年代买一个优质的酒精炉（还附带一个煮锅）才不到一先令，你不会把自己最重要的幸福拴在不可靠的佣人身上吧！记得头天晚上吩咐你的仆人，让她晚上在合适的位置放一个大托盘，盘子里放两个面包、茶杯、茶托、一包火柴和一个酒精炉，酒精炉上放着煮锅，锅盖倒放着，在上面放上一个小茶壶，里面放上几片茶叶。你要做的全部事情不过是擦一根火柴，不出3分钟水就会开，你可以将水倒进茶壶里（茶壶这个时候已经是温的了）。再有3分钟，茶就泡好了。你可以品着茶开始你新的一天。这些细节对愚蠢的人看来可能是微不足道，但对有思想者则不然。人一生中适当、明智的和谐可能就在于他能否在非同寻常的时刻喝上一杯茶。

阿诺德·贝内特

第一章

每日皆奇迹

THE DAILY MIRACLE

你必须要利用好每天24小时的时间。你需要用这些时间编织健康、快乐、金钱、满足、尊敬,不断使你不朽的灵魂得到升华。

教你掌控自己的一天 24 小时

时间是造成一切事物的神秘原料。有它,一切都可能;无它,则凡事不可能。

——松下幸之助(日)

注意!没有人能从你手中将时间夺走。它是偷不走的财富。但同时所有人得到的时间不比你多,也不比你少。

"对!他根本不懂得如何管理。他有不错的职位,有稳定的收入,满足生活需要绰绰有余,虽谈不上是锦衣玉食,但总还享受得上奢华的生活。但即便是这样,这个家伙手头也总是不宽裕。而且不知为什么,他总是花了钱也得不到好结果。钱包空得出奇,而且他看样子总是从旧货商那里买二手货。

第一章　每日皆奇迹

新西服偏配一顶旧帽子，漂亮的领带就偏偏配一条松垮垮的裤子！请人去吃饭，要么就是镂花玻璃餐具里盛着难以下咽的羊肉，要么就是上好的土耳其咖啡倒在裂了缝的茶杯里。更严重的是，他根本不明白问题出在哪儿。一句话，他所有的钱都哗哗地浪费掉了。要是我有他一半的收入就好了！我一定让他瞧瞧我是怎么用钱的……"

我们中的很多人都曾经这样充满优越感地批评他人。

其实每个人都是自己的财政大臣，这是我们每个人真正值得自豪的事情。报纸上整日充斥着教人如何靠多少多少收入生活的文章，这种文章在人们中间引起了广泛的共鸣，其呼声之高足以证明人们的兴趣所在。最近在日报机关也掀起了一场争论，风暴的中心问题是一个女人能否靠85英镑的年薪体面地在这个国家生存下去。我还曾经看过一篇题为《人如何靠每周8先令度日》的文章。尽管也听人们常说，时间就是金钱，但却从来没有看到过有名为《一天24小时，人应该如何生活》的文章。事实上，这句谚语低估了时间的价值。时间的价值远非金钱所能及。按常理讲，你若有时间，你就能挣到钱。但是，即使你和卡尔顿饭店（世界上以服务和豪华著称的五星级饭店，全世界各大都市都有卡尔顿饭店）衣帽间管理员一样有钱，你也无法用金钱买来1分钟的生命。你不可能比我多活1分钟，也同样不可能比壁炉边上的猫多活1分钟。

哲学家曾解释过空间的概念，但他们没有解释时间。而难以诠释的时间正是万事万物的源泉。有了时间，一切皆有可能；没有了时间，便没有了一切。我们仔细思量一下就会发现，时间的供应真是每天的奇迹，让我们每个人惊叹不已。早上你醒来，看！你的钱包里已经神奇地装满24个小时，你将用这些未经雕琢的时间来建造你生命的殿堂！而这24个小时是属于你的，是最为宝贵的财富。这种物质是如此的神奇，又以同样神奇的方式从天而降到你的手中！

注意！没有人能从你手中将时间夺走。它是偷不走的财富。但同时所有人得到的时间不比你多，

第一章 每日皆奇迹

也不比你少。

时间堪称民主的典范！在时间的疆域内，从来没有人独占财富，独享智慧。天才不会因智慧而拥有更多的时间，哪怕是每天得到多1个小时的奖励。但时间也不会惩罚什么人。你尽可以无止无休地挥霍这宝贵的时间，也不会有人克扣时间供应作为惩罚，更不会有神秘的力量说："这个人不是个恶棍就是个傻子！他不配拥有时间，我会切断他的时间供应。"时间的供应比康索尔无线电导航器还稳定，即使是周日你也依然能得到24个小时。此外，你还不能预支未来，更谈不上举债！你能浪费的只有这正在消逝的一刻。你不能浪费明天，也不能浪费下一个小时，它始终在为你守候。

我说过，时间就是每天发生在我们身上的奇迹，难道不是吗？

你必须要利用好每天24小时的时间。你需要用这些时间编织健康、快乐、金钱、满足、尊敬，不断使你不朽的灵魂得到升华。如何正确高效地使用时间，则是最紧要最让人振奋的现实。一切的一切全都仰仗于此。我的朋友！你的幸福，那难以捉摸的幸福，你一直在试图抓住的幸福，也都凭借着这时间的正确高效利用来实现。那些既有魄力又赶时髦的报纸上竟然充斥着"如何靠一定的金钱收入过活"的文章，而不是关注"如何靠一定的时间来生活"，真是让人匪夷所思。比起时间，金钱真是太普通不过了。只要想想就会觉得金钱不过是世界上最普通的事情了。整个世界都充斥着金钱。

如果人想方设法也不能靠现有收入来过活，他要么再多挣一点，要么去做梁上君子，要么干脆登广告寻求帮助。一个人若不能好好管理一年1000英镑的收入，并不一定就算是浪费生命；他可以加把劲，积极赚取每一枚硬币，努力使家庭收支平衡。但是如果一个人不能好好管理一天的24个小时，恰当地将其用于生命的各项支出上，那他毫无疑问的是在浪费生命。时间的供应虽然极其规律，但却有限得近似残酷。

我们当中有谁24小时都活着？当我说"活着"的时候，我的意思不仅仅是生存，也不是"虚度光阴"。人经常会慨叹，一天的生活本可以安排得更好。这

第一章　每日皆奇迹

样惴惴不安的情绪，试问我们当中有哪一位能幸免？我们当中又有哪一位能很肯定地说，他没有犯过本章开头那个人犯的错，比如，质地考究做工上乘的西服配一顶不体面的帽子，或者光注意器皿的好坏，而忽略了事物本身的味道呢？我们当中有哪一位不正在或一直以来在对自己说："如果时间再多一点，我肯定会改变这种状况的！"

我们永远都不可能有更多的时间。我们现在所拥有的，我们一贯所拥有的就是摆在眼前的这些时间，不多不少。正是意识到这深刻却一直被忽视的事实（这并非我的发现），我才开始仔细斟酌琐碎而现实的日常时间支出。

第二章

超越常规的渴望

THE DESIRE TO EXCEED ONE'S PROGRAMME

对那些在发展过程中不断自我超越的人来说,在日常计划之外取得成就是他们共同的渴望。

教你掌控自己的一天 **24**小时

生活的全部意义在于无穷地探索尚未知道的东西，在于不断增加更多的知识。

————左拉（法）

受各种成文、不成文的行为准则所约束，我们有责任使我们自身和家庭生活在健康舒适的环境中，欠债还钱、适当储蓄、提高生活效率，从而生活得更成功、更幸福。要将这样的目标化为现实绝对是一个艰难的任务！一个极少有人能完成的任务！一个超出我们能力范围的任务！

"可是，"带着那种英国人特有的目空一切的态度，有人会说，"他一天24个小时的目标是什么呢？在一天24小时里生活，对我毫无困难可言。我做我想做的事情，仍然有时间来参加报纸上的竞赛。

第二章　超越常规的渴望

要清楚地知道一天只有24个小时，要在这有限的24个小时里使自己感到满足，这简单得易如反掌。"

先生，我要对您呈上我由衷的歉意。您正是我40年来一直渴望遇到的那种人。您可否告知在下您的高姓大名和宅邸所在，若您肯不吝赐教，您愿意我出什么样的价来支付您的劳动？我没有资格再向您说教，相反，您应当给我来讲讲道理。热切地希望您能前来。我很确信像您这样的人确实存在，而我未能与您谋面实是我的一大损失。但是，在您出现以前，我会怀着痛苦与我的伙伴们继续这样讲下去：无数的灵魂都时常被韶光易逝而碌碌无为的感觉所困扰，而他们仍然没能够将生活纳入恰当有序的轨道上来。

仔细分析这样的感觉，我们主要将其归为一种不安、一种期待、一种向往和一腔抱负。它是源源不断的痛苦的根源，它就像在快乐盛宴上出现的骷髅，将我们的快乐打碎，将我们打入痛苦的深渊。去看戏的时候我们大笑，但在幕与幕的切换之间，它就会向我们伸出干枯的手指。为赶上末班车我们

教你掌控自己的一天 **24**小时

狂奔，久久地站在月台上，末班车未至，而身上的汗早就风干的时候，它就拖着一身的枯骨在我们身边来来回回问着一个同样的问题："噢，你用你的青春做过些什么？你的岁月都哪去了？"你可能会坚持说，这种不断的向往、渴望本身就是生命的一部分，是不可分割的。你讲得没错！

但事物均有度。一个人去麦加圣地，他的意识告诉他应当去麦加。他动身起程了，要么由旅行社帮忙，要么独自一人；他很可能永远都无法到达麦加；他可能还没到塞得港的时候就已经淹死了；他可能在红海岸边湮没无闻地腐烂；他的愿望会永远都无法实现。未完成的志向可能会困扰他终生。但他受到的折磨和某些想要去麦加、被去麦加的愿望所驱使却从未离开过布里克斯顿的人所受到的折磨绝不相同。

离开布里克斯顿确实是一件很了不起的事。我们当中的大多数人都没有离开过布里克斯顿。我们甚至没有从拉德盖特马戏团打车，询问旅行社配有导游的旅行要多少钱。我们给自己的借口就是一天

第二章 超越常规的渴望

只有24个小时。

如果我们再进一步分析一下迷茫不安的志向，我想，我们就会看到，这样的抱负来自于一种固执的观念，即：我们应当在忠诚地遵守道德准则承担应有的责任的同时，做一些其他的事情。受各种成文、不成文的行为准则所约束，我们有责任使我们自身和家庭

教你掌控自己的一天 **24** 小时

生活在健康舒适的环境中，欠债还钱、适当储蓄、提高生活效率，从而生活得更成功、更幸福。要将这样的目标化为现实绝对是一个艰难的任务！一个极少有人能完成的任务！一个超出我们能力范围的任务！然而，若我们偶尔能够胜利完成任务，我们仍不会满足，那个骷髅仍然会困扰着我们。

即使我们意识到，这项任务超出了我们的能力范围，我们根本无法顺利完成任务的时候，我们仍然觉得，尽管我们已经对自身的能力提出了过高的要求，但如果能够设定高一些的目标来完成，我们的不满足感会减轻一些。

这不仅是一种感觉，也是一种事实。对那些在发展过程中不断自我超越的人来说，在日常计划之外取得成就是他们共同的渴望。

除非付出努力来满足这种渴望，否则，付出努力满足这样的渴望之前，焦灼不安的感觉会时时刻刻扰乱内心的平静。这样的渴望有很多的名字。它是人类共有的求知欲，这种渴望如此地强烈，以致人们将整个生命都用于系统地学习知识；受此驱使，

第二章　超越常规的渴望

人们不断地超越自己的计划来寻求更多的知识。甚至连赫伯特·斯宾塞——我印象中历史上最伟大的思想家，都在求知欲的推动下，从未停止过片刻对知识的求索。

我猜想，在有意识地生活着的大部分人心中，也就是在那些对智慧抱有好奇心的人心中，超越正常计划的抱负已经在文学方面初见端倪。他们愿意参与阅读课程。的确，英国人正变得越来越有文学修养。但我需要指出的是，文学绝不能涵盖全部的知识领域，困扰人们的那种不断要求自我完善的渴求，那种不断用知识丰富自我的渴求也完全可以用文学之外的其他方式来满足。我会在下文中详述这些其他方式。在这里我仅仅是想提醒那些生来就对文学"不感冒"的读者，文学并不是唯一满足求知欲的源泉。

第三章

起步前的箴言

PRECAUTIONS BEFORE BEGINNING

在激扬斗志、扬帆起程,开始在一天24小时有限的时间里过上充实而舒适的生活之时,我们无论如何都要避免雄心夭折的风险。

教你掌控自己的一天**24**小时

时间应分配得精密，使每年、每月、每天和每小时都有它的特殊任务。

——夸美纽斯（捷）

要安排好个人生活，使人在一天24小时的时间预算里过得充实舒适，最重要的心理准备就是清醒冷静地认识到它的艰巨性，以及它所要求的牺牲与无止境的努力与付出。

既然我已经说服你承认以下两点，一是一种潜在的对你日常生活安排的不满情绪时常困扰着你；二是这种不愉快的不满情绪其根本原因在于，你每天都有一些你本想做的却没有完成的事情，而且这些事情是你有"更多的"时间的时候希望完成的。既然我已经提醒你注意一个醒目的事实——你永远

第三章　起步前的箴言

都不会有"更多的"时间，因为你所拥有的就是你的全部时间，那你是不是在期待着我能够告诉你一个绝妙的秘诀，好让你可以达到时间安排的完美境界，同时，还能摆脱那种不断困扰你的失望与不快呢？

遗憾的是，我没有这样的秘诀。我不想去发现，也不期待别人会有所发现，因为那根本办不到。当你刚刚听懂了我所说的要旨，也许你心中又重新升起了一线希望，也许你对自己说："这个人会教会我一种简单轻松的办法，完成我长久以来渴望去做却总是无功而返的事。"不，你错了！事实上是没有任何捷径，没有任何坦途。通往圣地的道路是十分艰难崎岖、冷酷无情的，更为糟糕的是，你可能无论如何都无法到达那里。

要安排好个人生活，使人在一天24小时的时间预算里过得充实舒适，最重要的心理准备就是清醒冷静地认识到它的艰巨性，以及它所要求的牺牲与无止境的努力与付出。我这样说绝不为过。

要是你想靠在纸上巧妙地画一个时间表就能达

教你掌控自己的一天 24 小时

到你的目标的话，我劝你最好马上断了这种痴心妄想。如果你还没有准备好接受不断的挫折与幻灭，如果你仍不愿意接受大量付出后的一点点收获，那么你就不要开始。躺下来，继续在不安与昏昏沉沉中度日，享受你所谓的"生存"。

这听起来是不是很悲哀，很惨淡，很让人沮丧？但我想这也未尝不是一件好事，这正是振作精神做任何事情之前的必由之路。我本人非常赞同这一点。我认为这是我与火炉边那只小猫最主要的区别。

你要说："好吧，假设我已经枕戈待旦，准备好打一场硬仗了；假设我已经仔细思考过你这番深奥的理论了，我该怎么开始？"亲爱的先生，您只要开始就好了。开始并没有什么神奇的方法。如果有人站在泳道的尽头，想要跳进冷水中，他问你："我要怎么开始跳呢？"你只需要回答的是："尽管跳下去就好了。控制好心态，别害怕，然后跳下去。"

正如我前文所说，时间源源不断地供应，其最动人之处在于你无法提前将它浪费掉。明年、明天、下一个小时都在你的前方等着，完好无损，仿佛你

第三章　起步前的箴言

的一生中从未浪费或滥用过一分一秒。这样的事实让人心生感激同时也得到些许安慰。如果你愿意，每个小时，你都可以翻开崭新的一页。因此想把下周甚至是明天设为某个起点是毫无意义的。你可以

教你掌控自己的一天 **24**小时

抱有幻想,希望下周池中的水暖和一些时再开始。但是水不会暖和的,水会更凉。

但在你开始之前,让我在你耳边悄悄地再叮嘱几句。

我首先提醒你做事不要过分热情。做事的热忱很容易将人引入误区,并不值得信赖。它大声呼喊希望能让自己发挥作用;最初你无法满足它的要求;它想要做更多更多的事;它甚至急切地去移山填海,完成伟大的壮举,不到汗流浃背就绝不满足。

可是一旦它察觉到了眉梢的汗珠,它就立刻心生厌倦,消失殆尽,甚至连一句"我受够了"都懒得留下。

注意在开始的时候不要承担太多责任。要对一点一滴的收获感到满足。

允许有意外出现。体谅人的天性,特别是你自己的天性。

如果失败并未削弱自尊与自信,那么失败本身并不值得介怀。但是正如一事成功万事顺利一样,一事失败万事受挫。大多数失败的人都因太贪而受

第三章 起步前的箴言

挫。因此，在激扬斗志、扬帆起程，开始在一天24小时有限的时间里过上充实而舒适的生活之时，我们无论如何都要避免雄心早夭的风险。我不同意人们在这件事上的看法，并不认为轰轰烈烈的失败比微不足道的成功要好。相反，我倾向于微不足道的成功。轰轰烈烈的失败是没有结果的，而微不足道的成功却可能开辟一条辉煌的成功之路。

让我们开始检查一下每天的时间预算。你说你每天都挤得满满的要溢出来似的。为什么？你确实将时间花在了维持生计上，那你花了多少时间在上面呢？平均每天7小时？实际睡觉的时间又是多少呢？7小时吗？我会慷慨地再给你各加一个小时，剩下的那8个小时你是怎么打发的呢？我洗耳恭听。

第四章

烦恼的由来

THE CAUSE
OF THE TROUBLES

如果一个人将生命的2/3都看成是另外1/3的附属,而那1/3连他自己都不否认是他丝毫不感兴趣、丝毫不热爱的,他又如何能奢望自己可以过得充实而完满?那是不可能的。

教你掌控自己的一天 **24** 小时

　　一个好好地过生活的人，他的时间该分为三部分：劳动，享乐，休息或消遣。

　　　　　　　　　　——车尔尼雪夫斯基（俄）

　　如果一个人将生命的 2/3 都看成是另外 1/3 的附属，而那 1/3 连他自己都不否认是他丝毫不感兴趣、丝毫不热爱的，他又如何能奢望自己可以过得充实而完满？那是不可能的。

　　为了能立刻进入每天实际时间分配问题，我必须选择一个个案来进行仔细分析。我只能拿个案来分析，而且这个个案并不是一般案例，因为没有任何情况是一般情况，就像没有任何一个人是一般人。每个人和每个人的情况都有其特殊性。

　　但如果我选这样一个人的情况来作分析：一个

第四章 烦恼的由来

伦敦人在办公室里工作，每天上班时间从上午 10 点到下午 6 点，每天早晚要花 50 分钟在家门与办公室之间往返，我想我已经在现实允许的范围内尽可能地接近一般情况。虽然有些人工作的时间会长一些，但相应地也会有些人工作时间会短一些。

幸好我们在这里并不关心生存的经济状况；就时间而言，一周只挣 1 英镑的职员和卡尔顿饭店露天平台的百万富翁同样富有。

我所选择的典型，我们权且称他为"代表先生"，时间安排上他犯的最大的错误是总体态度的错误，这种错误损害和弱化了他一天中 2/3 的精力与收获。

"大多数情况下，他（典型的人）对他的事业并未满怀激情；充其量他也只能做到不讨厌工作罢了。他会磨磨蹭蹭地开始工作，而且使出浑身解数拖延；他会尽最大的努力尽早完成任务，工作结束后满怀欢悦、兴高采烈。而真正工作的时候他很少能开足马力，付出百分之百的努力。"（我清楚这样说会有愤怒的读者指责我诋毁城市的工作者，破坏他们的形象；但我完全了解这个城市，所以我坚持我的看法。）

教你掌控自己的一天 **24** 小时

尽管如此，他仍然将早上 10 点到下午 6 点这段时间称为"一天"，而早上 10 点之前的时光和下午 6 点后的时光不过是一天的序幕与尾声。这样的一种态度，也许只是潜意识里的态度，却完全扼杀了他在余下的 16 个小时里面的兴趣爱好，造成的后果是即使他不想浪费这 16 个小时，他也并不在意这 16 个小时，他将这 16 个小时只看做是边角废料而已。

这种总体态度上的错误是完全不合逻辑的，也是不健康的，它在形式上就已然将生活的核心地位给了人一心只想着"应付"和"交差"的一段时间和一堆活动。如果一个人将生命的 2/3 都看成是另外 1/3 的附属，而那 1/3 连他自己都不否认是他丝毫不感兴趣、丝毫不热爱的，他又如何能奢望自己可以过得充实而完满？那是不可能的。

若我所说的"代表先生"想要过得充实而完满，他头脑里必须在一天 24 小时中再安排好"一小天"。正像大的套小的套盒一样，最里面的一层套盒，也就是最小范围的一天，必须在下午 6 点开始早上 10 点结束。这是 16 个小时的"一天"，这 16 个小时中他只需要修养身心，抚养家人。这 16 个小时中他

第四章 烦恼的由来

是自由的,他不再是上班族,也不再为生计发愁,他就像是有私人收入的人。这才是他应有的态度。而这样的态度是至关重要的。他的人生是否成功(这比给子孙留下多少遗产重要得多)全在于此。

教你掌控自己的一天 24 小时

什么？你说，将全部精力投入到这 16 个小时上来会削弱上班的 8 个小时的价值？事实并非如此。恰恰相反，这样做绝对会提升上班 8 个小时的价值。"代表先生"需要了解的一点是人的大脑能够应付长时间艰苦的活动；它并不像四肢那样容易疲劳。大脑需要的是变化，而不是休息，当然睡觉除外。

现在让我们来看看这位代表性人物起床后是如何安排他的 16 个小时的，这完全是他自己的安排。我只是简单陈述一下他的所作所为和我认为他不应当做的事，对如何像开拓者开辟森林的空地一样开辟时间，我将会在后文中详述我的建议。

平心而论，他在早上 9 点 10 分离开家门之前几乎没有浪费什么时间。在很多家庭里，像他一样的人都会 9 点起床，9 点 7 分到 9 分之间吃早点，然后夺门而出。但是一出门，他永不疲倦的大脑就闲下来了。他走着去地铁站的时候，大脑一片空白。到了车站，他通常还得等一段时间地铁才进站。每天早上在成千上万个郊区地铁站里，无数的人们在月台上优哉游哉地来回闲逛，眼睁睁看着地铁公司

第四章　烦恼的由来

厚颜无耻地掠夺着他们的时间。而这时间比金钱要更为珍贵得多。每天成千上万个小时就这样平白无故地浪费掉了，就是因为我们的"代表先生"认为浪费时间没什么，也从未想过要采取任何措施防止浪费的风险。

他每天都有固定的一枚时间硬币，比如一英镑可以消费。他一定要换成零钱才能使用，但他并不在意兑换中的折损。假设地铁公司售票处说："我们可以给你把一英镑找开，但是你必须要支付1.5个便士。"你觉得我们的"代表先生"会作何反应？同样的道理，地铁公司每天都浪费他两次5分钟的时间，等于是将10分钟的时间找了零再抢回去。

你说我只在乎琐碎的小事。不错，我确实在乎小事。一会儿，我会说明我的理由。现在您是否欣然买份报纸上车了呢？

第五章

网球与不朽的灵魂

TENNIS AND
THE IMMORTAL SOUL

你难道不觉得,如果黄昏后有一些明确的事情可以期待,可以将你的全副精力都投入进去,每次想到这件事情都会给整个一天增添上亮丽的一笔,让生活迸发出更大的活力吗?

教你掌控自己的一天 **24**小时

生活乐趣的大小是随着我们对生活的关心程度而定的。

——蒙田（法）

但是记住，开始的时候，每周 3 个晚上，每晚 90 分钟的时间应当是整个星期中 10080 分钟中最最重要的。这 90 分钟是神圣的，和一场戏剧排练或一场网球赛一样重要。

你买了份报纸上了早班车，你悠然自得地沉湎于报纸之中。你一点也不着急。你知道至少你还可以安安稳稳地坐上至少 30 分钟。你的目光从外面几页的船运广告掠过，滑到歌曲广告上，你所表现出来的姿态是从容不迫的，是一个时间富翁应有的姿态，你更像是一天有 124 小时的外星人而不是一天

第五章　网球与不朽的灵魂

只有 24 小时的地球人。我十分喜欢看报，我每天要读 5 份英文日报和 2 份法文日报，至于我定期读多少份周报，只有卖报纸的才讲得清楚。我之所以要澄清这个事实，是为防止因为我反对在早班地铁上读报，会有人谴责我对报纸有偏见。报纸也是快速媒体的产物，读报应当讲究速度。我日常计划的时间里没有读报的安排，我只用边边角角的时间来读报。但我确实都会读。我很反感将连续 30 或 40 分钟独处的奇妙的时间用来读报（地铁车厢里充满了安静、内敛、吸烟的人群，没有比这里更让人沉浸于自己的地方了）。我绝不允许你奢侈地将如此珍贵的时间珍珠这一点那一点地浪费掉。你不是时间的主宰，也不是时间的富翁。让我恭敬地提醒你，你所拥有的时间不比我多。不要在地铁里看报！这样你已经攒下 45 分钟可以利用的时间了。

现在到了办公室。下午 6 点钟之前，我都不会再来烦你。我很清楚你中午大概会有 1 个小时（事实上通常是 1.5 个小时），其中不到一半的时间用来吃饭。但这段时间你尽可以想怎么支配就怎么支配。当然，你也可以在那个时候看看报纸。

教你掌控自己的一天 **24**小时

下午 6 点你从办公室里出来。你脸色苍白，精神疲惫。不管怎样，你妻子都说你脸色苍白，你也确实给她这种感觉。回家的路上，你逐渐培养起这种疲惫的感觉。于是疲惫的感觉像忧郁的云笼罩在伦敦郊区上空，冬天更是如此。你一到家并不马上吃饭。但 1 个小时之内，你会坐起来想吃点东西补充一下营养。于是吃晚餐。然后你很严肃地抽几根烟，见见朋友，闲逛，打牌，心不在焉地翻几页书，慨叹一下岁月催人老，散散步，抚摸一会钢琴……哎呀！都 11 点 15 分了。然后你会花 40 分钟时间考虑上床睡觉的事；你还习惯晚上睡觉前喝上几口纯正的威士忌。最后，你上床睡觉，一天的工作让你筋疲力尽。你从办公室出来后的 6 个小时就如同梦境一般神奇地消失了，而你竟说不清楚这段时间你做了些什么。

这是一个很典型的例子。但你说："你说得倒轻巧！人是会累的。人要花时间和朋友相处。人不能总处在箭在弦上一触即发的状态。"确实如此。但当你安排时间和人去看戏（特别是有美女做伴）的时候会是怎样的情况呢？你冲回郊区的家中，不

第五章　网球与不朽的灵魂

辞辛苦地盛装打扮，再坐地铁冲回市中心，你至少让自己紧张了4个小时到5个小时的时间，你送她回家，然后自己回家。你不会再花45分钟时间考虑上床睡觉，而是立刻上了床。朋友和疲惫全都抛之脑后，而这一晚上看起来如此漫长（也许又太短暂了）！你还记得你被说服参加业余戏剧社的合唱吗？连续3个月每两天一次你晚上都要唱两个小时的歌。

教你掌控自己的一天 **24**小时

你难道不觉得，如果黄昏后有一些明确的事情可以期待，可以将你的全副精力都投入进去，每次想到这件事情都会给整个一天增添上亮丽的一笔，让生活迸发出更大的活力吗？

我的建议是，下午 6 点下班时，你面对现实坦然承认自己并不疲惫（你自己也很清楚，自己并不累），然后安排好你夜晚的时间，别让晚餐打扰你做任何事情。这样，你就会又开辟出至少 3 个小时的时间。我并不建议你每天晚上都发挥你的精神能量。但我建议你开始的时候，可以每隔一天花上 1.5 个小时的时间进行些重要思维的连续培养。这样你还有 3 个晚上的时间可以看看朋友，打打桥牌，享享天伦之乐，读读书，抽抽烟斗，打理一下花园，闲庭信步，玩玩有奖竞猜。而且在周六下午 2 点下班到周一 10 点上班之间，你还有足足 44 个小时的时间。如果你能坚持下去，你肯定会很快希望能有 4 个甚至是 5 个晚上可以坚持不懈地努力去过真正意义上的生活。你也会改掉在 11 点 15 分自言自语"是考虑上床睡觉的时候了"的毛病。嚷嚷着要上

第五章　网球与不朽的灵魂

床睡觉，而40分钟后才打开卧室的门的人生活得无聊之极，换句话说，他并不是真正的活着。

但是记住，开始的时候，每周3个晚上，每晚90分钟的时间应当是整个星期中10080分钟中最最重要的。这90分钟是神圣的，和一场戏剧排练或一场网球赛一样重要。从前你会说："不好意思，老朋友，我很想见你，但是我得等网球俱乐部活动结束为止。"现在你必须要说："……但我还得工作。"我知道这样的话很难说出口，如果你心目中网球比不朽的灵魂更为重要更紧急的话。

第六章

牢记人的天性

REMEMBER
HUMAN NATURE

你只需认认真真地将一周7.5个小时用于塑造自己。只需3个月,你便可以放声高歌,告诉自己,你创造了怎样的奇迹啊!

习惯能成就一个人，也能摧毁一个人。

——拿破仑·希尔（美）

习惯是魔鬼，不改不行！而且，任何变化，包括向好的方向发展的变化，都有其缺点，都会有让人痛苦不适的一面。

我已经在上文顺便提过在周六下午2点到周一上午10点之间有足足44个小时的时间可以支配。这里我必须要阐明一个观点，一周究竟应该由6天组成还是由7天组成。事实上，多年来我的一周都是由7天组成，直到我年近不惑。那是因为不断有很多明智的长者告诉我，一周之内休息一天比整整一周都在忙碌能完成更多的工作，也能更多地享受真正意义上的生活。

第六章　牢记人的天性

而我现在也确实如此。一周之中我会休息一天，这一天我不做任何打算，也不做任何努力，除非是偶尔突发奇想，我会好好地享受一周一次的休憩带来的精神价值。然而，如果让我的人生重新来过，我仍然会像我以前那样来安排。只有那些曾经长时间一周7天都处于紧张状态的人才能完全理解有规律的休憩的甜美与珍贵。而且，我上了年纪。这是一个年龄问题。如果是对那些仍然年轻力壮、精力充沛、雄心勃勃的年轻人来说，我会毫不犹豫地说：不断前进吧，一刻都不要停歇。

但通常我会说："将你的正式的计划（我的意思是工作时间之外的计划）限定在6天而不是7天之内。"如果你觉得自己想要延长时间，就要根据自己内心的愿望适当地扩展；那么你要将额外时间看作是意外收获，而不是经常性收入，这样你就可以自如地恢复到6天的计划上来，而丝毫不必感到变得贫穷或是退步。

看看我们收获了什么。目前我们已经从日常生活的边角废料中标记出可以节约的时间，一周6天早上的30分钟，加上一周3个晚上每晚1.5个小时，

教你掌控自己的一天 **24** 小时

总共是一周 7.5 个小时。

我希望大家能对目前这个成果感到满意。"什么？"你不禁喊道，"你一直自称要给我们展示该如何生活，却只拿一周 168 个小时中仅仅 7.5 个小时来做文章！你难道打算用这 7.5 个小时创造什么奇迹吗？"不是我故作高深，我确实打算用这 7.5 个小时创造一个奇迹。更确切地说，我要请你来体验一种经历，这种经历既自然又合情合理。我的观点是，充分利用这 7.5 个小时，会加快整周的节奏，给生活增色不少，同时还能提高你对工作的兴趣，即便对最乏味的工作也有作用。你每天早晚只做 10 分钟运动，当你的身体每时每刻因此而益发健康益发强壮的时候，但当你整个体格因此而发生变化时，你却从未感到过惊讶。既然如此，我说平均每天花费一个多小时的时间怡情养性，可以使整个精神活动焕发出勃勃生机，你又何必惊讶呢？

当然，也可以在自我塑造上花费更多时间。时间越长，效果也就相应地越好。但我仍然比较赞成一点一滴地开始努力。

事实上，人们会发现并逐渐证明，这一点一滴

第六章 牢记人的天性

的努力并非无足轻重。要从荆棘丛生的丛林中开拓出一片7.5个小时的开阔地着实不易。人必须要有所牺牲。有的人可能时间利用得很糟糕，但他确实是在利用时间；不管他所做的多么欠考虑，多么没头脑，他确实是利用时间在做一些事情。但要想换个方式，做些别的事情，就意味着习惯的改变。

习惯是魔鬼，不改不行！而且，任何变化，包括向好的方向发展的变化，都有其缺点，都会有让人痛苦不适的一面。如果你觉得一周7.5个小时你一直都在认真地努力着，但生活依旧，那你就大错特错了。我再次强调，人需要做些牺牲，需要不断地进行抉择，这是必不可少的。正因为我清楚个中艰难，明白这样的雄心一旦遭遇挫败所带来的灾难性的后果，我才诚挚地请诸位谨慎起步。你必须守护住你的自尊。自尊是所有雄心壮志的根基，小心翼翼地守护的雄心一旦遭遇挫折，会对人的自尊造成致命打击。因此，我一而再，再而三地重申：安静地上路，不要张扬。

你只需认认真真地将一周7.5个小时用于塑造

自己。只需 3 个月，你便可以放声高歌，告诉自己，你创造了怎样的奇迹啊！

在开始讨论如何利用这些时间之前，我还有最后一个建议：晚上的时间里，你可以将 1.5 个小时的工作放到更多的时间里来完成。别忘了总会有些意外发生。别忘了人的天性。所以将晚上 9 点到 11 点 30 分的时间全部分给制定的 90 分钟任务吧。

第七章

主宰你的思维

CONTROLLING THE MIND

别灰心丧气，继续，坚持下去。你会成功的。你只要坚持下去，就绝不会失败。找借口说自己无法集中精力，不过是徒劳之举。

教你掌控自己的一天 **24**小时

始终全神专一的人可免于一切的困窘。

——尼采（德）

没有集中精神的能力，也就是不能指挥大脑无条件地服从并完成任务，真正意义上的生活便无从说起。控制思维是完满生活的第一要素。

人们常说："人无法左右自己的思想。"但事实上人是可以的。控制思维运转是绝对可能的事。既然发生在我们身上的事全部在脑中有所反映，所有伤害或是欢悦全部在脑中形成，毫无疑问，控制神奇的思维运转是至关重要的。这种观点已经是老得不能再老的老生常谈，但人们生生死死间往往不能够领会到其深意和紧迫性。人们抱怨自己缺乏集中精神的能力，但却不知道只要他们愿意，他们就

第七章　主宰你的思维

可以获得这种能力。

没有集中精神的能力，也就不能指挥大脑无条件地服从并完成任务，真正意义上的生活便无从说起。控制思维是完满生活的第一要素。

因此，对我来说，每天的第一要务就是检验思维的能力。你要从里到外地照料好自己的身体；你冒着风险把皮肤上的毛发刮掉；你要靠挤奶工、屠夫等等许许多多的人的劳动来讨好你的胃，让它乖乖地正常运转。那么为什么不花点心思在运转更为缜密的思维上呢？而且你不需要任何外力的帮助就能完成这项任务。每天上班路上的那段时间正是为这部分生活艺术和生活技巧所准备的。

"什么？让我走在大街上、站在月台上、坐在地铁里，又重新回到拥挤的大街上的时候培养意志？"一点不差。这是再简单不过的事了，而且不需要借助任何工具！甚至不需要看书。尽管如此，实践起来却没那么容易。

早上出门时，将注意力集中在某一个主题上（入门阶段任何主题都可以）。不出 10 米，你的思绪就

教你掌控自己的一天 **24**小时

会从你眼皮底下溜走，在另一个角落想起别的事情来了。

捏着它的脖子把它拎回来。到车站的时候，你估计已经反反复复四十几回了。别灰心丧气。继续。坚持下去。你会成功的。你只要坚持下去，就绝不会失败。找借口说自己无法集中精力，不过是徒劳之举。

你是否还记得，某个清晨你收到一封信，让你坐立不安，你需要小心翼翼斟酌回复？那个时候你一心思考如何回复这封信，到办公室之前一直一心一意地考虑这个问题，一到办公室就立刻坐下来写回信，你那时是如何做到的呢？在这种情况下，你的真我被充分调动起来，情绪高涨，使你能够主宰你的思想。没有任何琐事可以干扰你的思路。你坚持要完成回复，于是你确实做到了这一点。

这种集中注意力的练习没有任何秘密可言，除"坚持不懈"四字之外别无他法。定期做这种练习，你就可以主宰你的思想（但思想并不是最高层面上的自我），无论何时何地。而且这种练习十分地方便。你要是上地铁还要带上一对哑铃锻炼身体，或是带

第七章　主宰你的思维

上10册百科全书来学习知识的话，极可能招人品头论足（招人非议）。但当你走在街上，叼着烟斗坐在地铁车厢角落里，或是站在地铁里拉吊环，谁能想得到你正从事每天最重要的活动？又有哪个冒失鬼会嘲笑你？

教你掌控自己的一天 24 小时

对我而言，你只要集中注意力就可以，我并不在意你在练习的时候将注意力集中在什么地方。重要的是如何约束思维运转。但是，你也可以一石双鸟，一举两得，将注意力集中在一些有用的事情上来。不如集中到哲学家马可·奥勒留或伊比克德的一段作品上来，当然，这仅仅是个建议。

我请你不要被这两个名字所吓倒。在我眼里，没有比哲学家马可·奥勒留或伊比克德的作品更"实际"，具有更多平实的经验和常识的东西了，这些经验和常识对于你我一类（讨厌拿腔拿调、矫揉造作、胡说八道的人）人的平凡生活十分适用。晚上的时候读一章——一章而已，短得很呢——第二天早上将全神贯注地来思考这一章。你会看到效果的。

朋友，不必掩饰你心中的不满。我能清清楚楚地像听电话一样听到你的心声。你自言自语道："这个家伙第七章写得不错，他确实让我隐隐约约开始感兴趣。但他说的在地铁上思考、集中注意力什么的，根本就不适合我。也许这对有些人来说好得很，但不符合我的风格。"

你就是那些人！这些就是为你所准备的！事实

第七章 主宰你的思维

上，你就是这本书所针对的那种人。

你抛弃了这条建议，就是抛弃了向你提出的最珍贵的建议。这个建议并不是我的建议，而是有史以来最理智、最实际、最精明的人提出的建议。我不过是将这个建议转授给你。试试看。将自己的思维掌握在自己的手中。你会看到，这个过程会驱散多少生活中的不幸，特别是忧虑，那痛苦的、可耻的，但却可以避免的恶疾！

第八章

省思的精神

THE REFLECTIVE MOOD

人，应当自知自省。这句话人人都不陌生，人人都理解这句话的价值，但只有那些有远见卓识的人才将其付诸实践。

教你掌控自己的一天 **24**小时

反省是一面莹澈的镜子，它可以照见心灵上的玷污。

——高尔基（苏联）

行为与原则不一致的生活是愚蠢的；只有每天不断地检验、思考，只有胸怀坚定的决心才能使行为与原则保持一致。

练习集中注意力（每天需要至少30分钟的时间）不过是热身练习，就像钢琴中的音节练习一样。有能力驯服人类复杂机体中最桀骜不驯的部分，你自然可以让它为你服务了。拥有顺从的头脑并没有用，除非能最大限度地自其顺从中获益。因此我们必须接受漫长的基础课程。

这门课程的内容不应该有任何问题，也从未有

第八章　省思的精神

过任何问题。古往今来，所有有识之士在这个问题上观点是一致的。这种课程不是文学，不是其他的艺术形式，不是历史，更不是任何一种科学，而是对人自身的研究。人，应当自知自省。写下这些陈词滥调，我自己也觉得脸红。但我必须得这样写，因为这正是我们所需要的。（我收回我的脸红，并为脸红而感到羞愧。）我要大声疾呼：人，应当自知自省。这句话人人都不陌生，人人都理解这句话的价值，但只有那些有远见卓识的人才将其付诸实践。个中缘由我也不得而知。眼下普普通通的善良的人们，他们的生活中最为缺乏的就是省思的精神，对此我深信不疑。

我们不会思考。我的意思是我们不会探究真正重要的事情，不会探究我们的幸福问题，不会思考我们的前进方向应当是什么，不会思考生活赋予我们什么，不会思考推理分析在决定行为中的作用，不会思考原则与行动之间的关系。

你是否还在追寻幸福？你是否发现了幸福？大概没有吧。大概你已经相信，所谓幸福，是根本无

教你掌控自己的一天 **24**小时

法企及的吧。但是却有人找到了幸福。他们意识到，幸福的源泉是伦理能力的发展和行为与原则的协调一致，而不是物质和精神上的愉悦和满足。正因为他们有如此的领悟，才能够找到真正的幸福。

我猜你应当不会硬着头皮矢口否认这种观点吧。但如果你承认这种观点，却仍然不花一点时间仔细考虑你的伦理能力、原则和行为，那无异于承认你一面在追求某种事物，一面又不愿意付出，做获得这种事物所必须做的事。

这么说来，该脸红的是我还是你呢？

我贸然提出某些原则让你注意，希望没有吓倒你。我并不在乎你的原则是什么。你尽可以抱着你的原则，即使你的原则使你相信盗窃是正确的，我也并不在乎。我要强调的是，行为与原则不一致的生活是愚蠢的；只有每天不断地检验、思考，只有胸怀坚定的决心才能使行为与原则保持一致。小偷最悲哀的地方在于他们的生活原则与盗窃行为相悖。如果他们真心地相信盗窃是一种美德，那么对他们而言，即使劳役拘禁也意味着多年的幸福时光；即使为他们心中的美德而牺牲也是幸福的，因为他们

第八章　省思的精神

的行为与原则是一致的。

　　伦理在生活中所占的比重要比我们想的要少得多（伦理塑造行为，同原则的形成也有联系）。我们希望自己是理智的，但我们更多的是受本能或直觉的驱使。我们思考得越少，我们也就越不理智。

教你掌控自己的一天 **24**小时

如果下次牛排煮过头了，你又要向侍者发脾气的时候，请理智出来，向她请教一番。她会告诉你，牛排并不是侍者煮的，当然也就控制不了煮牛排的火候；即使是他一个人的责任，你发脾气也于事无补；无非是在众人面前失态，被聪明人看作傻瓜，侍者也憋了一肚子气，可牛排还是那块牛排。

和理智商量的结果（它并不收取咨询费）会是：下次牛排煮过头了，你会把侍者当同伴看待，保持冷静、和善，礼貌地请他再换一块。这样的好处显而易见，毋庸置疑。

在原则的形成过程和完善过程中，以及在行为的不断实践过程中，你可以从书中得到不少的帮助（一本书只消花费6个便士）。我在上一章中提到了马可·奥勒留或伊比克德。当然，我也可以一张口就说出一些更广为人知的作品。

比如帕斯卡、拉·布吕耶尔、爱默生。每次我在途中都会拿着马可·奥勒留的作品。书确实有其独到的价值。但读书并不能取代每日公正诚实地检验一个人最近的所作所为和未来的计划，也不能取

第八章　省思的精神

代每日对自我的仔细审视（有时要打破表面现象看到内在深意）。

应当什么时候来完成这样重要的任务呢？依我看，晚上回家路上独处的时光便是最合适的答案。为生计奔忙一天，身体筋疲力尽，人会很自然地回顾一天的所作所为。当然，如果你不愿意完成最基本、最深刻、最重要的职责，而宁可在这段时间读读报纸（可以在等晚饭的时候读），我也无话可说。但你一定要在一天的安排中完成这个职责。接下来我们来谈谈晚上的时间。

第九章

对艺术的兴趣

INTEREST IN THE ARTS

漫步于音乐的殿堂,你能够真正领略音乐之美,而不是像以前那样,昏昏沉沉、精神恍惚,像婴儿一样呆呆地瞪着发光的事物一样。

教你掌控自己的一天 **24**小时

艺术是一种享受，一切享受中最迷人的享受。

——罗曼·罗兰（法）

很多人追求每天晚上不被打扰的悠闲自得，也只有闲着，没有什么别的好方法可以消遣时间，那是因为他们以为晚上打发时间的唯一途径就是研究文学，而这些人又恰好不喜爱文学。这样的想法简直是大错特错了。

很多人追求每天晚上不被打扰的悠闲自得，也只有闲着，没有什么别的好方法可以消遣时间，那是因为他们以为晚上打发时间的唯一途径就是研究文学，而这些人又恰好不喜爱文学。这样的想法简直是大错特错了。

确实，不凭借书籍来研究任何事情是不可能的，

第九章　对艺术的兴趣

或者至少是十分困难的。但如果你真的想更深层次地研究桥牌或者驾驶帆船的技巧，你就不会因为对文学缺乏兴趣而对那些桥牌或驾驶帆船的最好的书望而却步了。因此，我们必须把文学同那些主题与文学文艺无关的书籍区别开来。有关文学的话题我会在后面详细谈。

让我提醒一下那些从未读过梅瑞狄斯的人，和那些在讨论史蒂芬·菲利浦是否是真正的诗人时仍不为所动的人，你们绝对有权利这样做。不热爱文学并没有错，也并不意味着智力缺失、言行蠢笨。如果一个不走运的家伙不了解华兹华斯对丁尼生的影响，文学界的学究们会立刻对其进行口诛笔伐。但这只是那些学究们厚颜无耻的表现了。如果有人要他们解释是哪些影响促使柴可夫斯基谱就了《悲怆交响曲》，他们又能做得出什么样的解释呢？

文学之外，还有无数个知识的领域供修习者耕耘，并可以结出丰硕的成果。比如（我曾经提到过当今英格兰最受欢迎的高雅音乐）我忽然想起来漫步音乐会8月份开幕。你不妨去看看。你叨着雪茄

教你掌控自己的一天 24 小时

或者香烟享受着音乐。我很遗憾，在《罗恩格林》序曲的旋律在静静流淌的时候，你却划了一根火柴。你承认你对音乐一窍不通，你既不会弹钢琴，又不会拉小提琴，甚至连班卓琴你也一无所知。

但那又有什么关系呢？为了让你和你的朋友们坐满整个大厅，指挥家已经使出浑身解数，挑选的都是一等的精选曲目，这与在考文特花园音乐节相比，有了很大的变化。而这足以证明你对音乐的品位。两个月以来，你每周都听两次晚间交响音乐会。虽然你不会弹钢琴曲《少女的祈祷》，但这丝毫不会成为你了解交响乐构成的障碍。开始的时候，你可能会觉得，交响乐无非就是大量纷繁复杂的乐器奏出的既混乱又宏大和谐的音乐。你听不出细节，是因为你从来都没有训练自己去听一听细节。

如果要你列出《C 小调第 5 号交响曲》开始的主旋律的演奏乐器，你可能无论如何都说不出来。但你确实喜欢《C 小调第 5 号交响曲》。它使你激动、振奋。你甚至曾经和那位女士兴高采烈滔滔不绝地谈过它——我想你知道我说的是谁。可惜的是说起《C

第九章 对艺术的兴趣

小调第5号交响曲》，你对它的所有评价不过是："这是贝多芬的作品，感觉真的不错。"

但是如果你读过克雷比尔的《如何鉴赏音乐》（这本书你在任何书店都可以买得到，价格比阿拉罕伯前排座位票还便宜，而且还配有所有乐器的解说图和交响乐的布局安排），下次去漫步音乐会的时候，你就可以聚精会神、兴致勃勃地欣赏交响乐了。

教你掌控自己的一天 24 小时

交响乐在你耳中再也不是嘈杂一片，而是交相辉映、完全契合的一个整体，各类成员各司其职，其功能虽各有不同，却又不可分割。

你会凝神细听各种乐器，分辨出它们各自的声音。你已经知道法国号和英国号之间有很大的区别，也已经了解尽管演奏提琴的难度比双簧管大，但双簧管演奏手的薪水要比小提琴手高的原因所在。漫步于音乐的殿堂，你能够真正领略音乐之美，而不是像以前那样，昏昏沉沉、精神恍惚，像婴儿一样呆呆地瞪着发光的事物一样。

奠定真正的系统音乐知识基础是第一步，这样你才可以对某种特定音乐形式（如交响曲等）或某位作曲家的作品进一步钻研。一周3个晚上，抽出时间来研究音乐会的节目单，并根据你日益增长的知识来选择出席一些音乐会。一年下来，虽然你还远不能用钢琴敲出《少女的祈祷》，但你对音乐已有了真正的了解。

"可是我讨厌音乐！"你说。好的，我尊重你的选择。

第九章 对艺术的兴趣

你可以以这种方式来了解音乐，也可以用这种方式来了解其他艺术形式。无须我多讲，克莱蒙特·维特的《如何鉴赏画作》、卢梭尔·斯塔吉的《如何赏析建筑》等等，初学者系统学习某种艺术的基本知识的材料在伦敦随处可见。

"我讨厌所有的艺术！"你说。好吧，我再次尊重你的选择。谈及文学之前，让我们先来讨论一下你的情况吧。

第十章

生活中无事乏味

NOTHING IN LIFE IS HUMDRUM

我们所有的习惯和生活氛围，都是为了迎合我们的好奇心和满足感。好奇心意味着生活，而满足感意味着心领神会。

教你掌控自己的一天 **24** 小时

世间喜欢消遣的人，无论他们的嗜好如何不同，都有一个共同点，就是他们都有强盛的生命力。

——朱光潜（中国）

仔细分析前因后果，可以减轻人生遭遇到的痛苦，并给人生平添一份别样的景致。

艺术是伟大的，但却并非人世间最重要的。人类对所有事物的认识中最重要的是对因果循环的不断认识——换句话说，就是对宇宙不断发展的感知——再换句话说，就是对人类演变更替的认识。一个人一旦坚信"凡事必有其因"这个真理，他的思想就会豁然开朗，胸怀也会变得宽广。

一个人的手表很难让贼偷了去，但想来偷这块表的贼之所以沦为小偷，一方面是"子承父业"，

第十章　生活中无事乏味

正所谓"龙生龙，凤生凤，老鼠儿子会打洞"，另一方面也是受客观环境的影响，这些原因既有趣，又完全可以从科学的角度来解释。虽然你并不开心，但至少能想得开，重新买一块手表。人生世态，千奇百怪，难免会受到打击和创伤，但只要分析事情的前因后果，就不会陷入茫然无措的境地。生于芸芸众生之中，却仿佛生活在充满怪异习俗的奇邦异国，对人性甚为不解。但随着思想的不断成熟，你也会为因不解人情而羞愧。

仔细分析前因后果，可以减轻人生遭遇到的痛苦，并给人生平添一份别样的景致。看不到事物演变的人遥望大海时，只能看到单一的恢宏美景。这只需在8月之时，坐上往返路费仅花3先令的三等舱就能做到。但是了解因果不断演变与发展的人，知道构成海洋的是一种前天是水蒸气、昨天在蒸腾、而明天有可能结冰的物质。他清楚地知道液体不过是气体形成固体的中间过程，而从这一点他可以了解到人生是个变幻莫测、无限丰富的大舞台。只有通过这种不断培养、不断认识，才能给人更持久的满足感。这就是所有科学的目的。

教你掌控自己的一天24小时

因果无处不在。比如，杰巴兹·布什大街的房价突然上涨，令人头痛和震惊。但是，在某方面我们都是探究因果的学生，而所有在莱昂斯餐馆吃午饭的职员都懂得用科学方法推敲，于是我们知道正由于这里的地铁票只需2便士（曾经如此），才使得杰巴兹·布什大街的房屋供不应求，由此导致了整个地区的房价上涨。

"那还不容易。"你也许会不屑地说。事实上，只要你充分了解如何进行判断，那么，整个宇宙复杂的运转都同样地简单。亲爱的朋友，也许你恰好是房地产公司的职员，向来讨厌艺术，而你想要塑造你那不朽的灵魂，却又对自己的工作毫无兴趣，因为工作无聊极了。

没有一件事是无聊的。

在房地产公司的办公室里，你可以看到生命神奇地显示出瞬息万变的奇异风采。什么！牛津大街发生了严重交通阻塞，为了避开阻塞，人们都改乘地铁上班，结果，导致杰巴兹·布什地区的房价上涨。你说这算不上什么趣闻！那么，假如你能每隔一天晚上花1.5个小时的时间去研究伦敦的不动产，

第十章　生活中无事乏味

那岂不会令你对自己的工作抱有更大的热情，甚至改变你全部的生活。

你还可能面临更艰难的问题，例如在伦敦，笔直的马路最长不过一码半，而在巴黎，笔直的公路却可以绵延几英里，我想你一定能归纳出原因和结果，给我一个答案。我想你也会承认，我并没有特地从某家房地产职员那里挑选事例来支持我的说法。

假如你是个银行职员，你是否从未看过沃尔特·巴乔特那本引人入胜的杰作（虽然看上去属于科普类读物）——《伦巴德大街》？啊，亲爱的先生，假如你每隔一天晚上能花90分钟读一读那本书，你会觉得你的工作变得十分有趣，同时你还能更清楚地了解到人性的奥妙。你被"禁锢在城市里"，却又非常喜欢去野外观察自然——这么做确实能扩大你的胸怀。那你为什么不穿着拖鞋，走出门外，拿着捕蝶网到最近的煤气灯下，看那些飞来飞去、平凡又少见的飞蛾，观察它们的生活习性，然后运用你所获得的知识，在这方面建立与众不同的学说，最后更深入地研究一些事情？

要过充实的生活，你不一定要专注于艺术与文

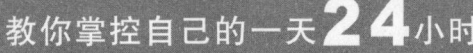

学。我们所有的习惯和生活氛围，都是为了迎合我们的好奇心和满足感；好奇心意味着生活，而满足感意味着心领神会。

我答应要解决像你这种既不爱艺术也不爱文学的情况，这方面我已经谈得差不多了，现在我要来谈谈那些确实"热爱读书"的人，幸好这类人很多。

第十一章

读并思考着

SERIOUS READING

要边读边想。有些人读了很多书,但是这些书对人生的影响却与牛油面包一样轻微。他们对待阅读就像有些人沉湎于喝酒一样。

教你掌控自己的一天 **24**小时

读书可以获得知识，思考才能去粗存精。

——奥斯本（美）

陶冶性情最重要的因素之一就是疲惫与困难的感觉，觉得这件事情是你一方面渴望得到，另一方面又急于逃避的。

小说不在要"严肃阅读"之列，因此想要提升自我，决心每周用 3 个晚上（每晚 30 分钟）的时间彻底研读狄更斯作品的人，我劝你还是改变计划吧！并不是小说无法引人深思，事实上世界上有些伟大的作品就是小说的形式。原因是不好的小说不应该阅读，而优秀的小说并不需要读者费神思考，就像梅莱德斯的小说，只有一些比较失败的作品比较难懂。阅读优秀的小说如同乘一叶扁舟急流直下，在

第十一章 读并思考着

到达终点时,你可能气喘吁吁,却不至于精疲力竭。出色的小说往往不会让读者费神。陶冶性情,最重要的因素之一就是疲惫与困难的感觉,觉得这件事情是你一方面渴望得到,一方面又急于逃避的。然而,读小说并不会有这种感觉,你不必咬紧牙关读《安娜·卡列尼娜》。因此,即使你要读小说,也不要用这90分钟。

阅读想象丰富的诗比读小说需要消耗脑力。在所有的文学形式中,诗大概是最让人伤神的了,因此诗也是一种最高的文学形式。它带给我们最大的喜悦,也赋予我们最深沉的智慧。总而言之,没有任何体裁能与诗相提并论。然而,我知道大多数人都不读诗。

我相信如果去问许多优秀的人,在阅读《失乐园》与中午时分在特拉法广场衣衫褴褛地乞讨之中必须作出选择的话,他们都会选择接受公众的嘲笑。然而,我仍要奉劝所有的朋友和敌人,阅读要从诗开始。

假如诗对你来说是所谓的"封缄的书",不妨从哈斯里德的著名小品文《诗文概要》开始,那是此类著作中最优秀的一部。看完以后,你就不会误以为诗歌是中世纪的酷刑、发疯的大象、40步以内就能开枪杀人的自动枪等等。事实上,很少有人能读完哈斯里德的作品后,忍得住不在下次吃饭之前就读上几首诗的。假如这篇文章也使你受到极大的鼓舞,我建议你接下来读一读叙事诗。

英国有位女作家写过一本小说,水准比乔治·艾略特、勃朗特姐妹,甚至简·奥斯丁所写的任何一本书都好。这部作品你可能还没看过,书名就叫作《奥罗拉·蕾》,作者是E.B.勃朗宁。全文是用诗体写成的,里面有大量优美的诗句。请你一定要从头到尾读完,哪怕为它献身也在所不惜。先别老想着它是一部好诗,阅读时只要注意情节安排和社会思想就可以了。读完之后,请你诚实地叩问心灵,你是否还讨厌诗?我认识很多人,他们看完这本书后就会发现,《奥罗拉·蕾》证明了他们以往对诗的憎恶是多么大的错误!

当然,如果读完赫兹斯特的文章,并按照他的指导去做,最后还是无法喜欢诗的话,那你就只能从历史和哲学的书籍中去得到满足了。我对此感到

第十一章　读并思考着

遗憾，但也不是毫无安慰。虽然《衰弱与灭亡》不能与《失乐园》相提并论，但是前者读起来也是饶有趣味的。哈巴特·斯宾塞的《第一原理》只是在嘲笑那些提倡诗的人，而且认为只有这本书的内容才是人类精神中最崇高的思想。我不认为那些作品适合推荐给入门者，但是有普通智力的人经过一年不断的阅读之后，我觉得他们没有理由不去涉猎最伟大的历史或哲学杰作。这些杰作的最大优点是：浅显易懂得令人意外。至于应该从哪本书入门，我不想提出什么建议，因为这么做是没有用的。但是，我还是想提出两点非常重要的忠告。第一点：要先设定你所努力的方向和范围，选择一段时期、一个主题或某一个作家。你要对自己说："我想了解法国大革命的情况、铁路的起源，或是约翰·济慈的作品。"那就留出一段时间，事先做好准备，然后把精神集中在你的选择上。能够成为某一方面的专家是非常令人欣喜的事情。第二点：要边读边想。有些人读了很多书，但是这些书对人生的影响却与牛油面包一样轻微。他们对待阅读就像有些人沉湎于喝酒一样。他们驾车在文学领域中飞驰,唯一的目标就是保持一种姿态。他们会告诉你在一年内他们读了多少书。除非花上至少 45 分钟来细心地反思,冥想你阅读的东西(起初你会感到相当乏味),否则,你晚上的那 90 分钟大概要白白浪费掉了。这意味着你要缓步前行。没有关系。

忘记你的目标。只需去考虑四周的村庄,过了一段时间,可能在最意想不到的时候,你会突然发现自己置身于山丘上的美丽小镇。

·第十二章·

要避免的风险

DANGERS
TO AVOID

我们要尊重订出的计划,但是不能把它当成偶像来崇拜。每天的计划并不是宗教程序。

教你掌控自己的一天 24 小时

事事把生活放在第一位的人，是不会享受生活的。

——卢梭（法）

一个人的计划不能超出他所能承受的范围。我们要尊重订出的计划，但是不能把它当成偶像来崇拜。每天的计划并不是宗教程序。

关于如何充分利用时间，以达到生活的最高境界（与无所事事大相径庭）方面，尽管可能流于说教，不太连贯，但我还是不能就此结束，必须再来谈谈在对人生抱着真挚的渴望时可能遭到的几种危险。

第一种可怕的危险是：变成最让人讨厌、最不受欢迎的伪君子。这种人鲁莽无礼，自以为具有最高的智慧。这种人也是自命不凡的傻瓜，走在外面，

第十二章　要避免的风险

会煞有介事地昂首阔步，没有察觉到他的矫饰中缺乏最重要的部分，也就是幽默感。更令人讨厌的是，这种人一旦发现了什么，就会兴奋不已，而一旦发现世人并不为所动，心绪便恶劣不堪。人们很容易不自觉地变成这样的人，而这也是无可挽回的事。

因此，当有人向你建议，最好把所有时间都用在工作上时，你要记住，时间是你自己的，不是别人的，你必须自己去安排。你还没有对时间作出平衡的预算之前，地球一直在顺利地旋转；而不论你是否能胜任时间的财务大臣这一职务，地球还是会一如既往地旋转下去。此外，切莫在别人面前对自己从事的事情扬扬自得；也不需要对整个世界都浪费每日的时间而过于悲痛，认为别人没有真正地过活。最后你会发现，只要管好自己分内的事，你就尽了最大的努力。

第二种危险是：被自己设定的工作所束缚，如同失去自由的奴隶。一个人的计划不能超出他所能承受的范围。我们要尊重订出的计划，但是不能把它当成偶像来崇拜。每天的计划并不是宗教程序。

这是显而易见的道理，然而有些人并不懂得这

教你掌控自己的一天 24 小时

些道理而使自己、亲人和朋友一同承担痛苦。"噢，不，"我听过一个受苦的妻子抱怨道，"每天早晨一到 8 点，亚瑟就要牵着狗出去运动，8 点 45 分的时候一定要开始看书，所以，要我与他去做点什么是不可能的……"这种悲哀的控诉所流露的固执与坚决，无疑反映了一种滑稽的悲剧人生。另一方面，计划毕竟是计划，除非认真看待，否则到头来只是开了一个可怜的玩笑。我们必须重视自己所订的计划，但是生活不必过度紧张，也不能太过于放松。这一点对于毫无经验的人来说，并非如他们所想的那般简单。

第三种危险是：实施计划时过于匆忙，而被一件件接踵而来的事情所困住。在这种情况下，人会好像活在监狱里，他的生活并不属于自己。在 8 点钟牵着狗出去散步的整段途中，都一直在想着：我一定要在 8 点 45 分之前赶回去看书，千万不能迟到。偶尔故意打乱一个人的计划，并无法使情况有所改善。罪恶并非源于一板一眼的坚持，而是由于贪求过多，不断地填满计划，以至于满溢出来。唯一的办法是重新制订计划，减少需求。

第十二章　要避免的风险

但是,知识积累得越多,求知欲就越旺盛,而许多人如果不忙得晕头转向、气喘吁吁,心里就不踏实。对他们来说,忙碌总比打瞌睡好。

无论如何,如果计划有了负担过重的倾向,你又不愿意重新更改,那么,有一个很好的缓解方法,就是把一部分时间挪到其他地方。例如,从圣伯纳德大街回来到打开书本之前,花5分钟的时间让大

教你掌控自己的一天24小时

脑彻底休息；换句话说，就是要刻意去浪费5分钟的时间。

最后一点我想指出的最大危险，也就是我曾经提到过的：要防止在计划刚起步时就遭受失败。必须坚持这一点。假如在一开始就遭受挫折，那么无疑会扼杀原本有可能枝繁叶茂的树苗。因此，一定要小心观察，事先防范，千万不要有过重的负担。起初的步伐要缓慢，但是要尽可能保持规律。

一旦得知必须完成某项任务时，不管那项任务是不是乏味，也不管你是不是喜欢，无论如何都要去实现。当你做完了某件讨厌的工作，你会觉得自信。

最后，选择夜间的计划内容时，一定要从你很喜欢也符合自己个性的事情开始。成为一部哲学的活百科全书是很好的事情，但是，如果你恰好对哲学不感兴趣，而倾向于街头叫卖声的变迁史，那就最好把哲学放到一边，先去研究叫卖声。

教你掌控自己的一天 24 小时